눈 덮인 내 고향

김영창 시집

시와
사람

Ⓒ 김영창, 2024
이 책의 저작권은 저자에게 있습니다.
저작권에 의해 보호를 받는 저작물이므로 저자의 허락 없이
무단 전재와 복제를 금합니다.

눈 덮인 내 고향

시집을 내면서

눈부신 아침 햇살 정열로
시의 창문을 두드립니다

오늘날, 우리의 정치 경제 문화 사회 일각에서
아름다운 인간의 꽃향기를
저버리고 이기적인 욕구로 인하여 삭막해진
현실에 처해 있다.
사랑만 하고 공경하지 않으면 애완동물을
기르는 것에 불과하다.
지식은 있으되 지혜가 없는 사회가 되고
이기적인 속성으로 인성이 없는 사회가
되어가고 있기 때문이다.
지식이 이기는 것을 가르치는 것이라면 지혜는
져주는 것을 배우는 것으로서 결국 져주는 것이
이기는 것이라 하겠다.
풍선에 욕심으로 계속 바람만 넣고 있으면
어느 순간 풍선은 터져 조각이 될 것이다.
그래서 인간은 지혜로 통달해야 한다.

자연 앞에 겸손해야 한다. 재능보다는 자신의
열정을 믿어야 가슴으로 시를 쓰는 주옥같은

작품이 되어 갈 것이다.
시의 소리는 자연의 소리요 진실한 사유에서 기인한다.

세월의 연민을 더듬어 본다.
졸시가 세상에 첫선을 보이는
이 순간 벅차오르는 감동과 함께 두렵기도 하다
2018년 《한국문학예술》 신인문학상으로 등단하여
2022년 『무등산의 봄』 자서전을 출간하고
이제 첫 시집으로 『눈 덮인 내 고향』을
선보이게 되니
말할 수 없이 기쁘다.
등단한 지 5년 만에 첫 시집 출간과 함께
우리 전통 시조집도 출간 위해
열심히 배우며 연구하고 있다.
디카시집도 준비 중이다.
자연의 소리를 가슴으로 써 내려가는
창작을 진심을 다해
시대정신을 이어 가며 발전해 깊은 뜻을 모아 가겠다.
응원해 주시고 도움을 주신 분들께 감사드린다.

2024년 7월
成柱 김영창

눈 덮인 내 고향/ 차례

시집을 내면서 4

제1부 눈 덮인 내 고향

14　내 고향
15　가음산의 가을
16　가음산 가을밤
17　고향 매미
18　가음산 가는 길
19　고향 친구
20　그리운 내 고향 바다
21　그리운 내 고향
22　세월
23　석양
24　선택의 길
25　생존 경쟁
26　소싯적에 · 2
27　아름다운 꽃
28　우리 부모님
29　왕대포 선술집
30　우리 어매
31　어머니 보릿고개

어머니의 눈물　32
우주의 눈물　33
월평댁 우리어매　34
正月 대보름　35
새해 아침　36
사랑의 잉태　37
봄이 오는 소리　38
새해의 다짐　39
설 연휴가 끝나고　40
그리운 님　41
바람난 아침　42
계묘년을 보내며　43
카페에서　44

제2부　광주천 비둘기

광주천 비둘기　46
광주천 백로　47
붉은 줄기　48
눈물 젖은 호수　49
무등산 무돌길　50
봄처녀　51

52　봄나들이 · 2
53　바다
54　봄비
55　봄나들이
56　봄의 숨결
57　봄이 오는 밤
58　봄이 오는 소리 · 2
59　쑥 향기
60　입춘대길立春大吉
61　채송화
62　칠산도 백바위
63　자연과 계절
64　잠긴 문
65　죽음을 넘어
66　돌아온 시민군
67　그 넋 붉은 장미로 피소서
68　변해버린 세상
69　한 많은 팽목항
70　아~ 세월아
71　양동 시장
72　놀음꾼 정치판
73　메주콩

제3부 사랑과 겸손

사랑과 겸손　76
겨울 연시　77
고난　78
마스크 시대에　79
만남　80
만남의 아픔　81
삶의 향기 · 1　82
삶의 향기 · 2　83
사랑했던 사람아　84
소싯적에 · 1　85
시간　86
시월의 억새　87
시월이 떠나가네　88
신이시여　89
오솔길 · 1　90
오솔길 · 2　91
인생길　92
삶　93
이슬비　94
인연　95
인생 여정　96

97 인생은
98 흔들리는 복사꽃
99 함께 가는 길 · 2
100 흘러간 청춘
101 풀잎 인생

제4부 그리운 사람

104 그리운 사람
105 그리운 사연
106 그리움
107 그대의 침묵
108 그때는 몰랐네
109 눈 내리는 겨울밤
110 눈꽃 편지
111 눈물 꽃
112 상사화
113 새벽에 내리는 비
114 첫눈 오는 날
115 그대의 사랑
116 꽃길
117 꽃샘추위

꿈과 사랑　118
둘이서　119
비 오는 날　120
빈손으로 오는 사랑　121
사랑의 아픔　122
사랑과 운명　123
사랑　124
사랑의 꽃　125
사랑의 관계　126
사랑의 불꽃　127
설중매　128
새벽에 우는 까치　129
이른 아침의 사랑　130
함박눈　131

제5부 가을 연가

가을 연가　134
가을비　135
가을 밤　136
가는 봄 오는 여름　137
사랑의 밤　138

139 대한의 한파
140 들국화
141 물안개
142 무등산의 여름
143 목련이 필 때면 · 1
144 무등산의 겨울
145 무등산 일 수원지
146 무등산의 가을
147 봄바람
148 백바위 여름밤
149 봄날의 사랑
150 새벽이슬
151 여름이 가는 사이
152 영산강 철새
153 풍암정 가을밤
154 상록회관
155 주말농장 가는 길
156 함께 가는 길
157 사랑의 천사
158 운천 호수공원

제1부

눈 덮인 내 고향

내 고향

눈 덮인 들녘을 힘차게 걸었던 옛 추억
어느덧 고희의 나이에 접어들어
백설이 되어버린 내 머리 위로 흰눈이 내리는
눈 덮인 내 고향

함박눈이 소리 없이
내리는 겨울밤 지난날의 추억이
눈물처럼 내리고 동지섣달 모진 추위
매서운 찬바람 몰아치던 그때처럼

오랜 정열 가슴에 품은
동백의 붉은 꽃망울이
동그랗게 피어날 날을 눈 속에
묻어두고 죽기 살기로 살아온 세월이
눈물 되어 내리는 눈 덮인 내 고향

가음산의 가을

가음산 산허리에 단풍이 들어갈 때
앞 뻘땅 실개천에 바닷물이 들어올 때
내가 태어난 이곳에 탯줄을 묻었던 곳

세월 따라 몸도 마음도 따로 놀고
붉게 물든 가음산에 낙엽이 휘날리는데
내 육신도 물들어 간다네

가음산 가을밤

신령스러운 가음산 그무독 바위에 앉아
환희바람 따라 하늘을 보니
흰 구름은 고운 빛깔로 변해
저녁노을 기울어 가고

가음산 휘감는 기운이 감돌더니
큰 봉에 달이 떠오르고
구슬프게 울어대는 부엉이
부엉 부엉
님 부르는 소리 애처롭구나

깊어가는 가을밤 바위에 앉아
청 가슴 옹달샘 물 마셔가며
목이 터져라 님들을 부르건만 대답없고
부엉이 울부짖는 소리뿐이네

고향 매미

기승을 부리던 장마도 끝이 나서
고향 뒷동산 잔등 넘어 부모님 산소 가는 길
매미들 합창하며 반갑게 맞이하더니

다시 집으로 가는 길
매미들 다 어디 갔나
고요한 적막이네
서운해서 말 못 하고 뒤돌아 오네

가음산 가는 길

우뚝 솟은 두 봉우리 우리 어매 가슴산
옹기종기 모여 사랑과 인정이 넘치는
그리운 우리 동네 운곡

내가 태어나 탯줄을 묻고
내가 죽어 육신이 묻힐 곳
가음산 가는 길 우리 동네 운곡

사랑하자 벗들이여
사랑하자 님들이여
살아서도 죽어서도 눈물의 절곡을 넘어
운곡, 우리 동네 사랑하세

고향 친구

내 고향 친구 지금은 어디에서
무얼 할까 세월을 보듬고
어루만져 보고 싶다 친구야

참외 수박 오이
주렁주렁 열리기 시작하면
모퉁이에 숨어서
몰래 따먹다 들키면
저 혼자 야단맞던
고향 친구

지금은 그 친구 이 세상에 없다네
촉촉이 가슴이 스며 오면
눈이 시리도록 보고 싶다 친구야

그리운 내 고향 바다

칠산바다 푸른 물결 출렁이는 파도 소리
석양에 저녁노을 아쉬움만 쌓여가고
인경도 붉은 물결 속에 떠가는 조각배

파도소리 님 소식 흐르는 눈물이여
갈매기 울음소리 그리움 달래며
대섬에 해당화 만발하니
이렇게 좋을 수가

백바위 붉은 노을 가음산 품에 안기고
갈매기도 짝을 찾아 저녁노을 가르는데
나그네 외로운 발길 아픔을 그 누가 알거나

그리운 내 고향

뒷동산 언덕에 아지랑이 아롱거리고
진달래꽃 필 때면 꽃잎 따 잎에 물고
숨바꼭질 전쟁놀이하며 놀다 넘어져
무릎에 피가 나서 울고 있을 때
우리 성이 달려와 내 눈물을 닦아주던
소싯적 추억들

앞 뻘땅 실개천에서 짱뚱어 농게 잡다가
손가락 물려 아파했던 추억들
큰 개울창에 바다물이 들어 올 때면
미역 감다 간바닷물에 갇혔을 때
아버지께 야단맞던
내 깨복쟁이 어깨동무 친구들

지금은 다들 어디로 가고 없을까
고향 떠나온 지 반백 년이 지났어도
잊을 수 없는 그리운 내 고향 부모 형제
어깨동무 친구들 못다 이룬 꿈의 마지막 삶에
잎새처럼 부르고 또 부른다

세월

해가 뜨고 지고 꽃이
피고 지고 끝없이 펼쳐진
세월 속에서

사랑 두고 눈물 지우며
당신이 가신 길을
난들 어찌하겠소

곱디고운 얼굴엔 골이 패였고
검은 머리가 이팝나무 꽃들이
만발해 가는구려

석양

고독한 인생의 발자취처럼
사랑은 그저 외로운 그림자 흔적
그대를 사모하는 석양의 빛이었다

파도는 여전한데
쉴새없이 파고들어
끝없는 말을 하잔다
지워지지 않는 삶의 흔적이
채울 수 없었던 아쉬움으로 남아

저물어가는 가을 바다
영혼의 눈물은 눈가에 맺히지 않아서
석양을 더 붉게 적시고 싶다

선택의 길

수없이 많은 선택의 갈림길에서
항상 현명한 최선의
선택이길 바라는 마음뿐이더라

가지 말아야 할 길인 줄 알면서도
안타까움의 선택한 어리석음은
아픔과 고통 상처뿐이더라

앞만 보고 달리다 보니
주변엔 아무것도 보이지 않다가
비우고 버리니 선택의 길이 보이더라

생존 경쟁

목구멍이 포도청이라서
풀잎에 이슬 맺혀있는 이른 새벽에
시린 가슴 달래며 삶의 현장에 나간다
생존 경쟁에 살아남기 위해서

나에게 주어진 삶이 현실이기에
몸부림치며 살아온 지난 세월만큼 아파 오는데
냉정하게 생각하자
죽고 사는 것이 무엇인가

세월 속에 남아있는 사랑의 힘으로
혼밥을 먹으며 생존경쟁에서 살아남아
사랑하는 사람들을 위해 울지 않으리
내 인생 다하는 날까지

소싯적에 · 2

밤이면 호롱불 켜놓고
마당에는 모깃불 연기에 재채기에 눈물 흘리며
반딧불 쫓다가 멍석에 누워
밤하늘 별을 세다가 잠이 들고 했던 소싯적

아침이면 소 꼴 먹이러 뒷동산 언덕에다
소 매어 놓고 책보자기 어깨에 메고 학교 가다가
앞 뻘땅 실개천에 바닷물이 들어와
둑길로 돌아가다
지각하여 벌 받던 일

학교 끝나고 오는 길에 앞 뻘땅
바닷물이 빠지면 짱뚱이 농게 잡다가
손 물려 피 흘리며 집에 가면 야단치다
헝겊으로 묶어 주시던 우리 어머니

학교 끝나면 소 꼴 먹이러 가음산
그무독 바위에 놀면서 큰방 작은방
소꿉장난 하다 넘어져 코피 흘리면
우리 성이 와서 닦아주던 유년
추억이 되살아나 가슴이 메여오는 야심한 밤

아름다운 꽃

하늘과 땅 사이 가슴 깊은 곳에
별과 달이 등불이 되어
천지를 압도하며 물결치는
아름다운 꽃 우리 어머니

정화수 떠놓고 빌고 빌며
만수무강 아름다운 그리움이
가슴 깊은 곳에 남아 있는
사랑으로 피어난 꽃

거룩한 일편단심 금수강산
어디든지 다리 놓아
영혼의 맑은 용기 북돋아 주시던
아름다운 꽃

우리 부모님

서슬 퍼런 일제 치하
결혼 한지 석 달 만에
징용으로 끌려가신 아버지

그 분노 뇌리에 박혀
날마다 눈물로 지새운 수많은 날
장독대 정화수 떠놓고
살아오신 어머니

해방과 함께 조국으로 귀국하신 아버지
농어업 정치까지 하며 우리 구 남매 키우시며
파란만장한 생을 살아오신 부모님

병상에서 돌아가신 순간까지도
한 맺힌 절규하시던 아버지
거기에는 일본 순사 놈들 다 죽고 없던가요

왕대포 선술집

고향 생각날 때면 선술집을 찾는다
고향 향수가 묻어나는 광천동 선술집
언제나 그렇듯 빈자리가 없어 기다린다

삶은 제사 닭, 연탄 원탁의 왕대포 한 사발에
옛 포장마차에서 참새구이 구워 먹던
고향 향수 젖어오는데

구수한 된장국에 곰장어 구워 한 잔
비 오는 날이면 옛 친구 생각나
왕대포 선술집을 찾는다

우리 어매

온종일 마음속 구석구석
헤집고 돌아다녀
두 눈 가득 눈물로 채우게 하는
우리 어매

우산 없이 비를 맞으며
수십 리 길을 걸으면서도
자식을 위한 길이라면
행복해 하며 좋아하시던
우리 어매

가슴이 아리도록 보고픔에
흐느끼는 빗소리가 되어
오늘처럼 비가 내리면
내 마음은
당신에게 달려갑니다

어머니 보릿고개

눈보라 모진 추위 동지섣달 설한풍에
한 맺힌 보릿고개 넘기던 어린 시절
모질게 살아남아 주린 배 채워주던

그때가 생각나서 야심한 이 밤에
보리죽 보릿국에 허기진 배 달래면서
어린 자식들 굶기지 않으셨던 어머니

내 고향 청보리밭에 옛 추억 그립구나
겨울을 털기 위해 봄마중 준비 중에
보리밭 들판 어머니 한 생애 사랑이네

짓밟고 뭉기어도 살아서 환한 미소 띄우며
파릇파릇 희망을 갈구하고
죽어야 산다던 어머니 보릿고개 사랑

어머니의 눈물

세상 떠나신지
수십 년이 되었건만
외롭고 쓸쓸할 때도
괴롭고 슬플 때도
두 손 모아 기도하시던
우리 어머니 생각나네
생전에 눈물로 사랑을 실천하시던
어머니의 깊은 사랑 간직하며
살아가네

우주의 눈물

이른 아침부터 내리는 우주의 눈물
가슴앓이로 그리움만 쌓여가고
흐느끼는 빛바랜 운명으로 변해
내려오네

빗물과 내 눈물이 범벅이 되어
하염없이 흐르던 그때와
지금의 내 모습이 아픔이 되어
내려오네

월평댁 우리어매

열일곱 꽃다울 제
숙명처럼 시집와서
두 살 터울 아홉 남매 키우시다
해지는 줄도 모르며 살아오신
월평댁 우리어매

보릿고개
갯벌 누비며 꼬막 잡으려 나가신 우리어매
아홉 남매 어매 오기만 기다리다
해 저문 바다에는 저녁노을 졌다

어린 자식들은 아랫목에서 웃목까지
방안 가득 차있건만 어루만질 시간도 없이
논밭으로 나가신 우리어매
이 세상 끝날 때나 이 고생 끝날 거나

손톱 발톱 길 새 없이 허리 굽고 늙어지신
월평댁 우리어매 효도 한 번 못 해본 이 못난
자식은 저 세상 가신 우리어매 목메어 불러보건만
우리어매 아무 대답이 없네

正月 대보름

계묘년 대보름은 빗속에서 술렁이고
비 오는 밤 머물다 그리운 님 떠나가고
가족들도 가다듬고 가는구나

야심한 밤 내리는 빗소리에
이 밤도 어제처럼 짓궂은 비 내리고
그리운 님 초대하지만 무등산은 대답 없다

소싯적 보름달은 중천에서 비추더니
오늘에 달맞이는 엄두도 못내는구려
흰 눈썹 나지 않게 오곡 찰밥 먹어야지

새해 아침

무등산 정상에서 떠오른 태양까지
갑진년 새해 아침 내 삶의 새벽하늘
눈물 흐르는 순간도 새해 다짐 꿈으로

새 희망 열어가는 아침 눈부시고
아프고 쓰린 상처 이제는 털고 가자
맺힌 설음이 풀리는 용서하는 마음

오늘을 다하는 날 내일을 준비하는
새로운 마음까지 최선의 노력으로
삶의 희망이 갑진년 새해 아침 빛나네

사랑의 잉태

끝없이 물결치는 바다가 갈증 나고
오솔길 산책길에 사랑이 시작되고
여백의 어려움도 놀라서 다독인다

하늘과 땅 사이에 산과 들 바다에서
수국의 하늘빛을 그리운 사랑으로
환상의 동백꽃 망울 피는 날 꿈꾸고

새해 사랑의 꿈 연분홍 희망으로 싹트던
꽃샘추위 감싸며 돌아가고
가슴을 열고 꿈꾸는 정열로 잉태되네

봄이 오는 소리

긴 겨울 추위와 어둠 속에서 시달리던
생명체들이 꿈틀 거리기 시작한
봄 오는 소리에 하늘이 열려
새들과 꽃들이 어울린다

사랑으로 다가오는 꽃향기 그리워
움츠렸던 가슴을 열고 새 생명 움트고
새 사랑이 다가오는 설레는 봄
시련을 이겨낸 굳은 의지 삶이 시작되고

짓밟히고 넘어지며 이겨낸 희망으로
고통에서 사랑으로
좌절을 이겨낸 갑진년
민초들의 진실한 삶이 시작되는 봄

새해의 다짐

새로운 설렘으로 희망의 목소리를
반가워 부르노라 겸손히 오는 사람
새 희망 꿈의 선물로 사랑하며 용서로

마음도 없으면서 말로만 용서했던
소중한 사람들을 이제는 안으리라
잘못된 생각 지우고 진심으로 반기리

이렇게 용서로서 고마워하는 사람
그리운 사람들을 새로운 다짐으로
진실한 마음의 사랑을 웃으면서 맞으리

설 연휴가 끝나고

끝없이 달려왔던 세월이 생각나는
설 연휴 마지막 날
가족들 아쉬움을 달래면서 떠나고

세월은 유수처럼 흘러도
사무치는 마음을 포옹하는
아량이 현실 되어
그대여
그리움일랑 창가에다 걸어요

따뜻한 봄이 오면
자유롭게 날으는 철새들도
설 연휴가 끝나는 날에 사랑 언약 간직하네

그리운 님

구세군 종소리와 함께 한 해가
저물어 가고 습관처럼 날리는 낙엽 따라
지난겨울 님이 떠날 때처럼 함박눈이 내리고
설렘 속 눈길 사이로
님이 왔습니다

소리 없이 흐르는 시간 속에
대신하지 못한 사랑만 심어놓고
연분홍 진달래꽃 피면 다시 온다고
사랑만 남긴 채 님은 갔습니다

꽃 피는 봄이 오면
진달래꽃 꺾어들고
님이 온다기에 그리움만 더해가는
늦은 겨울밤에

바람난 아침

이른 아침 봄바람 속에
상큼한 새싹의 생명체
서막이 열리는 순간

오솔길 민들레
활짝 핀 노란꽃 반겨오고
아침햇살 아지랑이 속에
종달새도 덩달아 노래하는데

작년에 떠난 님이
치맛자락 붙잡고 그날처럼 찾아오면
바람난 아침에 웃으며
맞이하리

계묘년을 보내며

아픔과 상처뿐인 계묘년 끝나가고
갑진년 떠오르는 태양의 아름다운 아침
햇살이 미소의 불꽃처럼 환하고

아픔도 지나가는 석양의 햇무리가
겨우내 망설이다 내일을 맞이하고
희망 꿈으로 새해를 맞이하며 꿈꾸고

세월을 적응하며 지내온 나날들이
오늘의 빙점에서 희망의 빛이 돼요
아침햇살에 스미는 사랑으로 살리라

카페에서

옛날이 되어 버린 양촌리 모닝커피
다방 마담도 한 잔 하루가 시작되고
옛 추억이 그리워서 라떼 한 잔 마시고

양촌리 스타일로 달콤한 모닝커피
지금은 아메리카노 대포잔에 마시고
충장로 옛 음악다방 그립구나

와르르 쏟아지는 대폿잔 커피 맛은
양촌리 달콤한 프림 커피 생각나고
옛 추억 그리워서 믹스커피 마신다

제2부

광주천 비둘기

광주천 비둘기

광주천 고수부지 산책길
주위를 맴돌며 서성이다
날아가는 비원의 새

한쪽 다리에 실과 끈으로 묶여
절뚝거리며 사람들 틈 사이에서
살아남기 위한 모습이 안쓰럽다

야생의 본능은 어디 가고
실에 묶인 처참한 모습에서
잔인한 인간의 모습을 읽는다

광주천 백로

집을 잃고 떠도는 백로야
어쩌다 노숙 신세란 말이냐
인간들의 왕래가 많은
승강장 가로수에 기대어 서서
대소변 보아 가는 천덕꾸러기 백로야

날이 새면 굶주린 배 채우려
광주천으로 날아가
외다리로 서서 애타게
기다려 보지만 님은 보이지 않고
저녁노을 지는구나

오늘 밤도 기댈 곳은 어디메뇨
이곳저곳 헤매다
가로수에 기대어 보지만
궂은 비만 내리는구나

붉은 줄기

가슴에 맺혀있는 향기로운 불미나리
꿈틀대는 들판에 새 생명 돋아나고
보고픈 그대 모습이 안갯속에 싹트고

영혼의 붉은 줄기 사랑의 향 날리우고
봄 처녀 치맛자락 스치는 도랑에는
가슴이 타는 붉은 줄기 향기 속에 다가오고

행복한 식단에는 사랑의 향기
붉은 줄기 자연식품 너도나도 집어가네
오늘의 불미나리 최고의 식품일세

눈물 젖은 호수

개구리 깨어난 호수에 일렁이는
물결 속에 하얀 꽃잎
나비 춤추며 봄처녀 맞이하네

사랑의 아픔 비어낸 마음을
꽃샘바람에 부푼 꽃망울로 채워주고
아픔을 씻어주네

순간에 흔적을 지우는 그림자
희열을 향해가는 오후 설레는 몸부림이
가슴을 데워주고

호수에 물고기 떼 몰려와
반기며 입을 벌려 환영하지만
봄처녀 나비 되어 날으네

무등산 무돌길

무등산 옛길 백삼십 리
마을과 마을로 이어지는 무돌길
선조들의 삶의 애환 담긴 둘레길

논밭 오솔길 따라가는 곳곳마다
광주 정신이 살아 숨 쉬는 길
싸리길 청풍 마을길 덕령길 충장사
김덕령 장군 위패와 영정이 모셔진 곳

금곡리 배제마을 아름드리 소나무들
옛 모습 그대로 남아 있고
임진왜란 무렵부터 무등산 수박 재배
시작한 평촌 마을은 장수마을로 부르고

독수정 반석마을 들녘 허수아비 춤추고
무동리 구한말 의병 역사 옛길 따라 맺혀 있고
돌담 돌샘 정자 당산나무
옛 모습 그대로구나

무등산 보호 단체 환경대학 삼십일 기
일원이 되어 노력과 정신으로
무돌길 복원되어 나에게도 가을이 왔네

봄처녀

가슴을 두드리며 피어나는 매화꽃
향기 속에 봄처녀 꽃 피어나고
보고픈 아름다운 봄 햇살 따라
아지랑이 속에 피어난 봄처녀

꿈틀 거리는 만물들 몸부림의
영혼이 안갯속에 설렘으로
연등에 불 밝히고 다가오는 봄처녀
비련의 아쉬운 안타까움만 쌓여가네

눈꽃 속에 휘날리며 물결치듯 천지를
압도하며 하늬바람결에 새 움이 나고
한줄기 눈물 속에 피어나는
여울진 호수에 봄처녀 날아오네

봄나들이 · 2

동적골 산책로에
개나리 동백 벚꽃들이 만발
나를 반기고

주말농장에는 작년 가을에 파종한
파 마늘 상추가 자태 뽐내며
봄나들이 반기네

계곡물 속에는 피라미 떼
사랑에 빠져 허우적대는
동적골에 봄의 향기 퍼져가네

바다

푸른 희망으로 넘실대는 바다
빈 가슴 채워주는 시가 되어
희망의 노래 받아주네

거센 풍랑 이겨내며 희망의
빛을 찾는 아무도 없는 막막한 바다
그대의 마음인 줄 알지 못했다네

해가 뜨고 질 때
바위에 쌓여가는 것들이
당신의 사랑인 것을
이제야 알았다네

봄비

봄비 따라 만물 꿈틀대며
싹 틔어 오고
젖은 내 마음은
대자연과 함께 적셔 오고

힘겨운 설한풍 이겨내고
바위에 부딪치며 흐느끼는 봄비가
내 가슴을 촉촉이 적신다

연둣빛 새싹들은 꽃을 피우며
벌 나비에게 다 내어주는 너그러움
당당한 너의 모습은 대자연의 사랑이어라

봄나들이

호수에 햇살이 들고 모든 만물들이
꿈틀대며 일어나 봄나들이 발길
옮길 때마다 하얀 벚꽃잎
바람에 날리며 나비 춤추고

움츠렸던 호수에 물고기들은
떨어진 꽃잎 입에 물고
꼬리치며 반기고 봄처녀 연분홍 치마에 부딪쳐
녹아내리는데

수양버들강아지 신록 옷 갈아입고
봄나비는 너울너울 춤을 추며 날아와
어깨 위에 사뿐히 앉아
사랑을 속삭이네

봄의 숨결

흐르는 이랑 물은 봄소식을 알리고
봄의 숨결 봄 향기에 거울 물이 흔들리고
빗방울 부딪치는 소리 추억이 가득 채워지네

새벽에 비추는 별 연초록 새싹 트고
아침이슬 미소에 속삭임은 봄의 숨결
새벽을 깨우는 새는 새 소식을 전하네

연둣빛 강아지 꽃 늘어진 능수버들
바람 불어 흔드는 봄꽃 속에 숨 쉬고
호수에 봄의 숨결이 꽃잎 속에 피어나네

봄이 오는 밤

바람부는 가로등 아래
첫눈 내리던 밤 그대는 떠나갔습니다
아픈 마음으로 볼 수밖에 없었습니다

어려웠던 삶의 순간들을 이겨내며
씨를 뿌려놓고 거두지 못하고 갔습니다
봄이 오는 별이 지는 밤에

각자 살아온 삶에서 아름다운 문학이란
씨를 뿌리며 몸소 실천하며
동백꽃 깊은 곳으로 들어갑니다

이제 봄의 합창이
꿈틀 거리며 다가오고
미소로 손짓하는 밤입니다

봄이 오는 소리 · 2

흐르는 물소리도 봄 오는 길목에서
아침을 여는 소리 자연의 신비로움
희망의 새해 설날에 경계선 넘나들고

민족의 대명절에 생명의 진통으로
봄비가 시가 되어 훈훈한 우리의 정
온화한 맑은 목소리 감동으로 깨어나

화창한 그리움이 새봄을 맞이하고
그대가 그리울 때 봄꽃들 피어나고
사랑의 꽃 피어날 때 봄 마중 같이 가세

쑥 향기

산사에 봄이 오면 눈 녹은 물방울들
떨어진 자리마다 새싹 돋아나고
새싹 사이에 퍼지는 쑥의 향기

짓밟힌 자리에도 꿋꿋이 살아남는
강인한 생명력은 민초들의 삶이다
순결한 햇빛 받아서 채워주는 쑥의 사랑

성급한 나들이길 짓밟힌 오솔길
산비탈 돌 틈에도 쑥의 힘 돋아나고
푸르른 창공, 종달새가 봄의 향기를 반기네

입춘대길 立春大吉

새봄이 시작되는 입춘 날
우리 님들 건강에 만사형통하시길 기원드리며
삶의 길 축복을 다 같이 손잡고 가고

새싹이 돋아나듯 굳었던 몸과 마음
활기찬 행동으로 간절히 기도하며
입춘대길일 님들의 행복이 영원하시길

스쳐간 수많은 인연들 용서를 구하며
어두운 고요한 밤 촛불을 밝혀놓고
사랑의 화합으로 새봄을 맞이하네

채송화

죽기보다 무서운 치욕을 감수하며
돌 틈에도 모래사장에서도 땅바닥에
엎드려 조용히 피는 꽃

해와 달 빛나는 별들이 비추어준 꽃
낮은 곳에서 소리 없이 피었다가
어두운 세상이 오면 자취를 감춰버리는 꽃

조용하고 청순한 너는 아름답고 고귀한
운명 앞에 온갖 수모와 치욕 속에서도
눈부시게 피어나는 채송화

칠산도 백바위

백령도와 연평도 지나
칠산 바다에 도착한 조기 떼는 알이 가득 차
영광 특산물 굴비로 변신하여 영광굴비로 각광받고
칠산바다 조기는 산란기가 끝나면
흑산도로 떠나가는 게 자연의 섭리다

때가 지나면 유명세도 멀어진 조기 떼도
칠산바다 백바위에 님은 떠나가고
궂은 비 내리는 백바위에
하얀 물거품만이 선을 그은 그 자리
갈매기만 넘나든다

백바위 모래언덕 솔밭 사이 사랑의 불이 붙고
다시 태어나 숨결이 끝나는 그날까지
줄지어 조기 떼 오는 날
수평선 저 너머에 갈매기와 마중 나가
사랑하는 님을 맞이하리라

자연과 계절

계묘년 시작과 함께 가뭄의 고통 속에
목말라 아우성치던 살아있는 생명체들

여름과 함께 찾아온 물폭탄 장맛비는
감당할 수 없도록 엄청난 피해를 입혔고

삼복더위 속에 입추가 지나가더니 이제는
태풍이 몰아친다고 조심하라고 한다

자연을 거스르는 인간들의 이기적인
배타심에서 코로나 질병이 경고하고 있지만

환경 팔아 돈벌이 수단으로 발전한 현대과학
문명이 불러온 재앙을 어찌할 거나

잠긴 문

소싯적 부잣집 지금은 빈집 되어
잠긴 문 녹슬고 넘어진 마당에는
노란 민들레꽃이 주인 되어 반기고

새싹들 사이에 박새 날아들어
봄의 멋 두드리던 뒤뜰에
들고양이 사랑 속삭이는 소리 요란하고

담장 모퉁이에서는 나도감나무가
나도 감나무라고 떼를 쓰며 새싹 틔우고
빈집에 자물쇠 굳게 잠겼어서
봄바람 스치며 날아온 나비 한 쌍
흥겨워서 춤을 추네

죽음을 넘어

우리는 그날을 자책하며
살아온 세월이 얼마던가
유품도 서러움도 운명의 신처럼
곳곳에 맺혀있는 상처만큼 많은 흔적들을 남기고
님들은 죽음을 선택했습니다

안타까운 상처 속 시린 가슴은
하늘도 땅도 말은 없고
생사의 갈림길에서
죽음을 선택했던 한 맺힌 영혼들은
끝내 흰 깃발만 남기고
숙명처럼 죽음을 넘어갔습니다

돌아온 시민군

죽음을 넘어 시대 아픔을 넘어
시민군 김윤이 그리운 정든 고향
사십삼 년 만에 돌아왔네

햇살도 부셔 파르르 떠는 오월
하늘 아래 시민들의 아픔과 고통을
짊어지고 산화한 님들이 떠난 옛 도청에서
충장로 금남로 망월묘역에서 통곡하네

억눌린 역사 한이 되어 저리도 핏빛만
젖어오는가 영롱한 무지개 빛깔로 꽁꽁
묶인 채 피눈물로 통곡하네

내 고향 광주에 소년시민군 꿈을 안고
시민의 선택을 받기 위해 돌아왔네
김윤이 아픔을 외면하지 마시오소서

그 넋 붉은 장미로 피소서

살아 있는 우리는 그날을 자책하며
모진 세월을 한탄하고 어떤 아픔과
서러움도 운명이라 노래했습니다

곳곳에 맺혀있는 선혈만큼 울분을
터뜨리며 저항한 흔적조차 남기지 않고
산화한 님들을 애도합니다

죽어야 산다던 님들의 피맺힌 외침은
시린 가슴 처절한 아픔으로 닫혀 있고
하늘도 땅도 기막힌지 말이 없습니다

생사의 갈림길에서 인간의 길을 선택했던
한 맺힌 영혼들은 끝내 뚝뚝
꽃처럼 목을 꺾고 말았습니다

죽음으로 자유를 증명하려 했던 님들이여

오월의 광주가 이처럼 숭고한 것은
살아있는 우리의 통곡도 함께 함이니
그 넋 붉은 장미로 피워 올리소서

변해버린 세상

이상한 얼굴 이상한 소리
인간의 이기심에서 욕심과 욕망으로
변해버린 변해버린 세상

흔들리며 선택한 길을 어찌하랴
인간들이 저질러놓은 지금의
고통으로 감당할 수 있으랴

참고 견디어 내는
비밀스러운 침묵 속에 참회하는
이 한밤에도 변해버린 세상을 어찌하랴

한 많은 팽목항

다시 찾은 팽목항,
잔인했던 봄날
하늘도 땅도 울부짖던
죽음의 바다에 노란나비 여전히 흐느끼고

그날의 아픔이 지금도 생생한데
물빛 속에서 울부짖던 몸부림이
살고 싶다 엄마 살려줘 애원해도
끝끝내 그 넋 노랑나비 되고

진도 앞바다 갈매기야,
너는 알겠지
십 년 세월 지나가도
그리움 안타까움만 쌓여가는
진도 앞바다 팽목항
노란나비 떼

아~ 세월아

마음이 아파 다시 찾은 팽목항에
잔인한 그날의 봄날처럼 애통하네
하늘도 땅도 없이 수장되던 노란 꽃들

세월이 흘러가 지나간 십년 세월
죽음의 진도 바다 어쩌다 원한인가
여울진 바닷속에서 피눈물로 통곡하네

팽목항 갈매기야, 서글피 울지 마라
안타까운 내 자식들 선하게 보이건만
영혼의 봄 향기 속에 불러 봐도 대답없네

양동 시장

먹고 사고 주고받는 이야기
시장은 흥겹게 오늘도 새벽을
맞이한다네

장터 국밥집 향수를 말아 올리면
떠들썩한 소리에 막걸리 해장술에
하루가 시작되고

이른 새벽 도로 노점 상인들
장맛비에 흠뻑 젖어도
아랑곳 없는 곳

사람 사는 냄새가 물씬 나는
양동시장 사람들 오늘도
내일 새벽을 준비한다네

놀음꾼 정치판

입만 열면 거짓말로 백성들 선동하고
특권 내려놓겠다는 약속은 헌 고무신짝 되고
국민을 속이는 놀음꾼들 횡포에 백성들은
환멸을 느끼고 있고

수많은 죄 저질러놓고 정치판 방탄으로
악용하는 모리배들은 국회 품격은
어디 가고 국민을 우롱하는 저질 횡포만
일삼는구나

범죄 수사하는 검찰을
정치검찰 독재라고 뒤집어씌우고
수많은 특권 악용해 백성들 속이며
선량 행세하는 정치 모리배들

장차 이 나라 어찌할 거나
백성들은 편 가르기로
내편 아니면 적으로 따돌리는 놀음꾼들
횡포만 더해 가는데

메주콩

가을이 익어가는 들녘
토실토실 영근 콩 두들겨 타작해서
콩이 메주가 되었네

장독대 들어가 바닷물 먹물 삼아
가버린 흐느낌이 장이 되어 꽃 피고
메주콩 생명 물 되어 새 생명이 되었네

구수한 된장국이 희망 북돋우고
만찬 음식이 맛의 기준 되었네

제3부

사랑과 겸손

사랑과 겸손

시련도 빛으로 바뀌는 겸손이
절망 속에서도 내일을 향한 희망이
용광로처럼 뜨거운 빛과 소금이 되고

겸손해지는 희망이 되어 오고
촛불처럼 밝아지는 숭고함이
연기조차 없는 불꽃이 되어 밝아 오네

붉은 노을에 감사하는 아쉬움도
사랑 앞에선 형상도 내음도 없는
겸손으로 고요히 머물다 떠나가고

생명의 영약 되어 어둠 속에 머물다
고독의 겸손으로 감사하는 마음이 다가와
사랑으로 꽃피워가네

겨울 연시

겨울 끝자락,
무서운 치욕으로 눈이 내리는데
너의 영혼은 무엇으로 목이 타는가

예술 완성을 꿈꾸며 살아가는 사람들
사랑의 인연도 한낱 스치는
눈보라 같은 것

삶이란, 물음표 등에 지고
시련의 고통 소리 없이 흐르고
무엇을 품어야 보석처럼 빛이 날까

고난

시련과 환란 고난이 없는
인생이라면 행복이라 했을까

궁핍하다 해도 여유 있는 사람
불행이라 하겠는가

서운해도 베풀어 주던 고마움을 알고
생각하는 그때 그 사람

불편해도 웃어주는 그 사람은
언제나 행복한 인생을 안다하네

배려할 줄 알면서 자신의 지위가 낮아도
당당하게 처신할 줄 아는 그 사람

하루 세 끼 밥을 먹을 수 있는 양식이 있으면
감사할 줄 아는 행복한 그 사람

고난과 시련 아픔을 겪어보지 못한 인생은
행복을 알 수가 없다하네

마스크 시대에

자연을 거스르는 인간들의
이기적인 배타심에서 코로나19
마스크 시대가 탄생하고

환경팔아 돈벌이 수단으로 발전한
인간의 문명이 불러온 재앙을
어찌 할거나

신이시여
끝없는 눈물 멈추게 하소서
마스크 세대 설자리가 없나이다

만남

목적을 두지 않는 편안한 만남은
무슨 생각을 짐작하지 않아도 되는
만남이더라

좋아하는데 이유 없이
만날 수 있는 편안한 사람은
미래를 바꿀 수 있는 희망의
만남이더라

생색내지 않고 묵묵히 아껴주는
그런 인연의 만남은 힘들어도
함께 있어줄 사랑의
만남이더라

만남의 아픔

만날 때 꽃으로 피었다가
헤어질 때 낙엽으로 저물어 가더니

오는 사람은 일년이 되어 오더니
가는 사람은 하루아침에 가더이다

앙상한 나뭇가지에 눈이 내리면
하늘과 땅 사이 머물다간 눈꽃송이 만발하고

쌓여가는 세월의 아픔 속에 우리 만남이
발자국 흔적만 남기더이다

삶의 향기 · 1

인생은 어떻게 흘러가는가
나를 알면 원망도 희망이 되고
화도 복도 삶의 향기로 바뀌더라

세상을 내 마음대로 생각하면
미래 희망이 실수와 좌절로 힘든
삶의 연속이더라

지는 꽃은 다시 피지만 꺾인 꽃은
다시 피지 못하더라
만족할 줄 아는 삶은 영원하더라

삶의 향기 · 2

기다림의 영혼이 향기로 다가오고
새벽을 일깨우는 봄소식 걸쳐오니
생명의 따뜻한 정이 삶의 향기 다가와

한줄기 사연들이 허무한 아침이슬
세월도 바람처럼 눈부셔 몰려오고
가슴이 먹먹해져서 휑한 가슴 떠나고

모욕의 생명의 강 서릿발 봄의 숨결
영혼의 그리움이 삶의 강 건너가서
기쁨이 눈부신 태양 삶의 향기 퍼지네

사랑했던 사람아

더불어 사는 기쁨을
온몸으로 느끼며 어디서나
겸손함으로 낮추고 존경받던
그 사람 지금 이 세상에 없다네

작은 것을 얻어도 큰 것을 얻는
기쁨으로 일상의 소박한 것에
감사하는 마음으로 겸손해하는
그 사람 지금 이 세상에 없다네

다른 사람으로부터 배우며
칭찬하고 자신을 낮추며
다스릴 줄 아는 사랑했던
그 사람 지금 이 세상에 없다네

소싯적에 · 1

호롱불을 밟히고 살던 시절
라디오 소리까지 신기해하면서도
그 소리 듣기 위해서 사람들 몰려들고

한 맺힌 보릿고개 주린 배 채워주던
보리개떡 끼니로 고무신 뻘땅길에
보자기 책보 허리에 메고 학교 가는 길

소풍날 도시락은 보리밥 싸가지고
걸어서 십 리 길 백바위에 도착해서
남몰래 먹던 점심 도시락이 그립구나

시간

일정한 시간에 뜨는 태양
하루 시작하는 아침을 맞이한다
뜻대로 되지 않더라도
홀연히 일어설 수 있는 용기

실패에 감사하는 그런 삶의
시간 속에 겸허함을 배우고
다시 시작하는 초유의 힘

어둠을 뚫고 음지에서
치솟는 달처럼
다시 시작하는 도전의 인내로
조용

시월의 억새

영산강변에도 무등산 중머리재에도
즐비하게 늘어선 억새는 가을 정취 더해가고

시월 마지막 날까지도 꿋꿋하게 버티겠노라던
억새는 영원할 줄만 알았던 그 맹세 어디 가고

세찬 비바람에 떨어져 벌거숭이로 남아서도
으쓱대는 그 모습이 안쓰럽구나

마지막 남은 깃털 하나 약속까지도 비바람에
견디지 못하고 떨어져 날리는구나

시월이 떠나가네

죽기 살기로 살아온 세월 속에
아픔만 남긴 시월의 마지막 밤이
깊어만 가고

붙잡을 수 없도록 해놓고
사랑만 남긴 채로 떠나가는 님
아쉬움만 쌓여 가고

가을이 가면 겨울 오고 또 봄이 오듯이
흐르는 시간 속에 살아온 청춘이
아름다운 고운 빛깔로 저물어 가는구나

신이시여

어찌할거나 지쳐 쓰러져
숨쉬기조차 힘드구나

지긋지긋한 장마가 휩쓸고 가더니
이제는 태풍이 짓밟고
뭉게는구나

신이시여
끝없는 눈물 멈추게 하소서
내가 설 자리가 없나이다

오솔길 · 1

세월 속에 한발 두발 다가서는
봄 햇살 밝혀 주던 오솔길에서
이정표가 되어주던 인연의 길이기에
친구가 되고 사랑하는 님이 되고

멀고 긴 시간들이 지나가는 인생살이
여정을 되돌아보면서 내 삶도 함께
사나운 폭풍이 불어도 흔들리지 않는
오솔길 사랑의 언약

봄 햇살 속에 많은 그리움이 고여있고
돌이켜보면 그리운 아픔이 우리의 진실이
석양의 노을로 붉게 퍼져 나가고
저녁노을 뜨겁게 불타는 사랑의 오솔길

오솔길 · 2

파란 하늘 사이로 오솔길 걷노라니
바라보고픈 여운이 붉게 물들어가고
세월 속에 아쉬운 인연들이 보고 싶어지는
수줍음으로 이루어지는 추억들이

향기롭게 피어나는 환상의 오솔길에서
그려지는 다정한 미소의 새로운 용기는
아름다움이 기다림의 사랑이 초연해지는
연분홍 인연

얼마나 많은 길을 걸어왔던가
진심을 다해 진실로 사랑하는 사람이여,
이제는 그대 곁에서 천년바위 휘감아 도는
들꽃향기 뿌리내려 먼 길 가지 않으리

은혜로운 사랑의 길목에서 스치는 바람의
그대 미소가 오솔길 벤치가 되어 아름답게
흘러가는 흰 구름도 그대의 빛깔로 길이 되고
후회 없는 사랑 언약의 오솔길이 되리라

인생길

꼬불꼬불 웃통 불통 오르막길
숨차게 오르다가 쓰러져 죽을 것만 같을 때
앞이 보이지 않던 어둠의 절망 속에서
살아남아 쓰러지며 일어나 보니
탄탄대로는 없더라

살다가 멀리서 희미한 등대불도
보았고 넘어지고 쓰러지다 일어나 보니
함께 동행할 님도 벗도 생기고 따뜻한
눈으로 바라보던 정다운 사람들과 함께
걸어가고 있었네

스스로 터득하며 깨우침을 알았고
고마움도 알게 되었고 한 치 앞도 모르는
인생길에서 어깨를 감싸며 토닥여주던
사람들과 고단함을 이겨내며 동행의 길
가다보니 고마운 행복임을 알았다네

삶

움켜진 각박한 인생보다
나누는 넉넉한 삶으로
기다리며 믿어주는 사랑으로

의심하며 눈치 주지 말아야 하며
찾아가며 감싸주는 삶으로
기쁨을 주며 박수 쳐주는 사랑으로

시기하며 슬픔 주지 말며
존중하며 칭찬하는 삶으로
하나 되는 감사하는 인생의 삶으로

흩어지는 변덕스러운 보다
한결같은 솔직한 삶으로
떳떳하고 힘이 되는 인연으로

복이 되고 사랑이 넘치는 그런 삶의
배려로 안아주며 살라네

이슬비

이슬비가 내리네
사랑을 품은 안개 속에서
지나가는 이른 봄 그리움이
가랑비에 속옷까지 젖어가던 아픔을

지금의 이 나이에 피멍 든 자국마다
참았던 피눈물에 하나씩 멀어지고
이른 아침에 눈물 자국만 남기고 떠나가네

가파른 언덕길을
우산도 없이 오르는 그대는
사랑의 아픔만 남기고
이슬비 내리는 석양에 떠나는가

인연

만나야 할 인연이라면
텅 빈 가슴으로도 만나는 것이다
깊은 산 계곡에서부터 쉬지 않고 흘러
드넓은 바다에서
솟아오르는 태양처럼
그렇게 뜨거워진 연인처럼

가야 할 때에는
말없이 떠나는 것이다
모든 흔적들을 지우며
파아란 하늘 흰 구름처럼 유유히
바람과 함께 그렇게 가는 것이다

보내야 할 때에는
아름답게 보내주는 것이다
가을에 익어가는 열매 빛깔처럼
홍가시나무의 붉은 눈물처럼
뒷모습을 남기지 않는 안타까움
마음의 사랑의 인연인 것을

인생 여정

칠십이 넘으니 걸음도 조심하고
살아온 세월 속에 빛났던 청춘도
나이 앞에서는 인생 여정 처량하다

늙었다고 체념 말고 소통하는 관계 되어
가는 세월 원망 말고 인간 만사 고난이니
오는 세월은 잠깐일세

멀리 있는 자식들은 둥지 떠난 철새 되고
가슴에 맺힌 한을 아버지란 이름 앞에
작아지는 인생 여정

인생은

인생은
전쟁터처럼 살지 말고
놀이터처럼 살라 하며
끌려 다니며 살지 말고
운전하듯이 살아야
한다 하네

인생은
말로만 하지 말고
실천하면서 살라 하고
화내지 말며 함께 웃고
살라 하네

불평불만 갈등이 해소되며 탐욕에서
감사하는 마음으로 바뀌게
된다 하네

흔들리는 복사꽃

봄바람에 흔들리며 피어난 복사꽃
꽃이 진 자리마다 연둣빛 새싹 트고
사랑이 흔들릴 때면 굴레에서 벗어나

새 생명 시작 속에 님들은 간데없고
약속했던 그리운 님 아쉬워 떠나가네
영혼의 무상한 꽃대 추억 속에 잠기고

싱그러운 여름이 오면 마음속에 기울고
깨끗이 씻어내는 오월의 장미처럼
사랑의 가슴속 순정 꿈틀대며 일어나네

함께 가는 길 · 2

쉼 없이 가는 인생길에
좋은 인연과 동행할 수 있는 길목에서
그대를 기다리며 따스한 귀엣말로 함께
한 길로 가기로 하고

길모퉁이 돌아가는 발자국마다 숨결과
손길이 여리는 그대가 풍겨주는
따스한 속삭임이 사랑의 길이 되어가고

진심을 다해 가는 길에 삶을 이루어
사랑하는 마음으로 두 손 마주 잡고
행복으로 가는 길

장점과 개성을 존중하며
소박한 마음으로 배려하며 가는 길에
사랑과 행복으로 동행하며
함께 즐거운 길

흘러간 청춘

구름은 바람 부는대로 흘러가고
내 청춘도 세월 따라 여기까지 왔네

어느새 머리엔 이팝꽃 피어 있고
얼굴에는 잔주름 굵어지는데

마음은 아직도 청춘이건만
세월에 떠밀려 내 모습 처량하다

두 발로 걷는 것도 부자연스러워
벗님네들 만나는 것도 조심되고

가슴엔 사랑이 남아 있어 친구들과
연락할 수 있어 감사하네

풀잎 인생

풀잎에 이슬과 같은 인생
허무하게 가는 인생
방황과 번민에 인생이라 하던가

스스로 사라지는 아침이슬처럼
내려놓고 살다가
소리 없이 가라 하네

교만함과 욕심으로 현실을
부정한들 풀잎에 맺힌
아침이슬인 것을

자신을 알며 희망을 품고
지혜와 교양을 쌓으며
자신을 이기며 존경받는 인생으로
살다 가라 하네

제4부

그리운 사람

그리운 사람

생각만 해도 보고 싶고 그리운 사람
수많은 아픈 날들을 이겨낸 세월이
당신과 만남으로 내 인생이 그대의
사랑으로 젖어오는구려

노년의 철 든 삶을
그대와 함께 할 수 있다는 생각에
감동과 행복이 북받쳐 오르는
그리운 사람아

그리운 사연

꽃피는 순간들이 날리는 눈꽃송이
꽃이 지면 나오는 새싹들 사연 속에
님 찾는 꽃잎 날리며 긴 사연이 녹는다

봄바람에 눈꽃송이 날리며 흐느끼고
꽃 속에 님의 모습 그리워
눈부셔도 쓸쓸히 다가오면서
굽이굽이 스치네

비 그친 언덕 너머 복사꽃 날리어도
떠나지도 못하며 아쉬움에 흐느끼네
아파도 말할 수 없어 꽃잎 속에 묻히네

그리움

또 다른 하루가 시작되는
기분 좋은 이른 아침에
아무것도 알 수 없었던 사랑이
그리움으로 다가오는 사람아

아픔은 고통이고
사랑은 예술이라 했던가
그리움의 아픔이 사랑으로 변해버린
현실을 부르노라

그대의 침묵

그 많은 세월 기다리다
찾아온 그대는 말이 없네

참아온 침묵이 열리는 순간
폭풍이 되려거든

차라리 그대 침묵으로
가시옵소서

그때는 몰랐네

좋은 것이 많을 때는
좋은 줄 알지 못했고

소중한 사람이 있을 때는
사랑할 줄 몰랐고

여유 있을 때는
빈곤의 아픔이 있을 줄 모르다가

모든 게 내 것으로
당연한 줄로만 생각했다가

좋을 때는 그 가치도 모르다가
다 잃고 나니 그때서야 알았다네
이것이 인생인 것을

눈 내리는 겨울밤

눈 내리는 겨울밤
님 생각에 잠 못 이루고
사랑에 빠진 너의 마음 알고부터
헐벗은 나무처럼 홀로 잠긴 밤

그대를 사랑하는 마음속 고뇌지만
폭설에 천지사방 뒤덮인
눈사람 되어 사랑의 아픔으로 잠든 밤

눈꽃 편지

행여 길을 잃지 않은 걸까
소중한 것들이 이 겨울의 길목에
그대에게 달려가는 눈꽃 편지

겨울을 이기고 봄을 기다리는 것은
언제가 될지도 모르는 안타까운 그리움이
겹겹이 쌓아 두었던 눈꽃 편지

어제는 지나간 세월 오늘 때문에
존재하는 것
나를 두고 떠나는 겨울을 원망하지 말자

쓸쓸했던 지난 뒤란에도
소중한 겨울의 성숙함이
함박 눈꽃 수다 떨며 찾아온
눈꽃 편지

눈물 꽃

꽃잎마다 피어나는 그윽한 그리움
사랑 위해 목숨 바친 눈물의 꽃
아득히도 먼 곳에 피고 지는 너의 영혼

서로의 이별을 가슴에 품어
비밀의 열쇠 주고받던 농성광장
상처 속에 피어나는 눈물 꽃

수없이 많은 선택의 갈림길에서
이별의 죽음을 택했던 눈물 꽃
곱게 곱게 다시 피어 나리라

상사화

하늘만 쳐다보다 길어진 모가지
이룰 수 없는 사랑이기에 그리움만
더해가는 애달픈 꽃

달님도 해님도
번갈아 비춰주건만
죽어야 온다기에
비쩍 마른, 상사화

새벽에 내리는 비

세찬 바람이 불어오더니
가슴앓이로 오랜 세월 짓누른 아픔이
새벽부터 비가 되어
하염없이 흘러내리고

백날을 기다린 애절한 사랑이
이른 새벽에 님이 되어 오시는가요
종착역을 향하여 사무친 그리움 안고
끝없는 사랑이 되어
젖어 오네요

첫눈 오는 날

얼마나 많은 시간이 흘러가고 있는가
지쳐있던 우리들에게
미끄러지고 넘어지면서도
손에 눈을 모아 건너 주면서 좋아했던
첫눈 오는 날

이제는 모든 것을 내려놓아야 한다
믿음이란 절박감이 사랑하게 한
희망의 은신처로
이 겨울 찬 공기로 움추린
첫눈 오는 날

커피 향 그윽한 상록카페에서
첫눈 내리는 창밖을 바라보며
수다 떨며 좋아했던 그때가
오늘처럼 눈 내리는 날이면
그리움이 사무쳐 오는구려

그대의 사랑

그대 만난 이후
내 삶에 변화가 생겨나고

그대 만난 이후
순리대로 살아야 된다는 걸 알았네

이 밤도 지나가지만
그대를 내일이면 만난다네

또 다른 하루가 시작되고
그대 사랑하는 아침이 시작되네

꽃길

꽃보다 아름다운 사랑의 길이 되고
많은 세월이 가버린 그리운 사연 되어
백만 꽃송이 한 아름 안고 뿌리며 걸어요

봄이면 동백 개나리 영산홍
걸어가고 여름이면 백일홍 장미꽃
가을이면 코스모스 결실의 길을
겨울이면 눈꽃송이 달콤한
솜사탕 사랑의 길 걸어요

꽃향기 그윽한 꽃길을 그대와 둘이서
해 뜨는 동해에서 해지는 서해까지
못다 한 사랑의 꽃길을 걸어요

꽃샘추위

하늬바람 꽃 이름 부르며 봄이 오고
정다운 고운 모습 그리워 봄나들이
조용히 얼음이 풀려 꽃샘바람 불어오고

님 오는 봄소식에 기다림 속에서도
사랑의 매화 향기 스치듯 지나가고
그대 오는 길목에서 사랑으로 반기고

그리움 속에서도 운명의 순간들이
영혼의 선택까지 힘들고 외로워도
찾아온 님의 사랑이 꽃샘추위 감싸네

꿈과 사랑

꿈꾸던 내 사랑이 흔적 없이 사라져도
먼 여행길 도도하게 흘려 보내 주어야지
꿈이 있어 내일의 희망을 찾아야 하고

세상을 꿈꾸어도 살얼음 빙판길 갈지자 걸어도
푸른 꿈을 펼쳐야 하지만
꿈이 있어 사랑의 꽃피우지 아니 하네

둘이서

삶에 찌든 바닥에서
그리운 사랑으로 다가오는 그녀
낮의 화려함 보다 어둠속에서 보는
그녀가 진정한 사랑이었네

힘든 삶에 고단함을 감추고
수줍어 하는 그녀
사랑과 이별의 색이 있다면
그녀와 같은 빛깔일까

둘이서 바라보는 밤하늘
살며시 스쳐 지나가는 밤바람
별들도 사랑을 속삭이는 가을밤에
다정한 사랑노래 들려오네.

비 오는 날

비 오는 날은 아픈 마음
씻기는 것 같아서 좋더라

비에 젖은 옷은 벗으면 되지만
그리운 마음이 젖는 건
벗을 수도 말릴 수도 없더라

비 오는 날 우산 속
맞잡은 손 와닿는 느낌은
미소 짓는 그녀의 아름다운
사랑이더라

빈손으로 오는 사랑

수많은 사람 중에 선택받은
우리의 인연은 사랑이 되었고

답답하고 우울할 땐 하늘보고
투덜대며 살아온 세월 속에

고달프고 힘들고 어려운 세상
외마디 소리도 지르지 못하고

어두운 밤과 하늘이 뒤섞인 밤에
빈손으로 오는 사랑이 되었네

사랑의 아픔

사랑의 이별이
이렇게 사무치게 아플 줄을
그대는 아는가요

고독한 인생의 발자취처럼
그대 사랑했던 순간들이
쓰라린 아픔이 될 줄이야

말없이 떠나가야 하는 아픔
뒷모습 남기지 않는 안타까운
마음의 인연인 것을

진실한 사랑의 아픈 상처가
이슬 맺힌 밤안개 되어
말없이 떠나가는구나

사랑과 운명

아프게 했던 순간들이
사랑과 행복을 당신을 위한
운명의 선택이었소

바람 속에서 피어난 꽃처럼
아프지 않은 진실이라
할 수 있겠소

외롭고 아프고 힘들어도
내가 감내 해내야 할 숙명의 길이었기에
당신을 위한
사랑과 운명의 선택이었소

사랑

사랑은 움직이는 것
앉아서 기다리기는 것이 아니라
먼저 다가서야
사랑의 열매가 열리더라

먼저 웃고 먼저 사랑하고
먼저 다가가 겸손한 용기로
마음을 연다면 벗이 되어
사랑으로 다가오더라

평범한 삶에서 아름답게 가꿔가는
소중한 행복도 하늘 아래
사는 기쁨으로 먼저 웃고
감사하며 사랑하자

사랑의 꽃

칠흑 같은 밤을 향해 양팔을 펼치다
살포시 날아오른 사랑 하나 잡고 보니
내 안에 감당할 수 없는 사랑의 꽃이 되고

소박한 아름다움에 바람도 숨죽이는 밤
잡힐 듯 감미로운 아름다운 꽃이 되어
사방에 불꽃 피어오른 밤에 사랑 꽃이 피었네

사랑의 관계

우연히 만나 관심이 가게 되고
자주 만나 친밀감이 생기더니
좋은 사람의 인연으로 반기며

만나 보니 속을 알 수 있었고
관계가 형성되고 진실을 마음으로
배려하고 나눠가며 정이 들고

쥐고 있는 인연은 멀어지고
놓아주고 배려하는 사람은 곁에서 머무르고
진정한 인연의 사랑이 되고

눈을 감으나 뜨나 생각나는 보고 싶은
그 사람이 아니면 채울 수 없는
그리운 사랑의 관계가 되더라

사랑의 불꽃

깊은 밤 칠흑 같은 어두움 속에서도
살며시 날아오른 사랑을 잡고 보니
소박한 아름다움에 감당할 수 없도록

내 안에 감미로운 사랑의 꽃 피어나고
바람도 숨죽이는 불꽃의 찬란함이
천지사방 빛이 나는 밤하늘 천국일세

설중매

연분홍 꽃잎 위로 흰 눈이 내리던 날
솜사탕 되어 달콤한 사랑의 향기 퍼지고
설중매 눈꽃 되어 바람에 휘날리는데

사랑의 연분홍 꽃 눈 속에 파묻혀서
한밤중 하얀 솜이불 고운 님 덮어주고
그 안에서 님의 사랑 꽃피우던 한밤에

봄소식 매화 향기 흰 눈 속에 파묻혀도
님 생각에 따뜻한 정 그리워 피어나네
꽃바람 적셔가면서 눈꽃 피는 설중매

새벽에 우는 까치

밤새 내리는 비바람 소리가
가슴속 깊이 파고든 이른 새벽에
눈물이 되어 흐르고

비바람 그친 새벽에
아무도 보이지 않는데
까치 한 쌍 날아와
사랑노래 부른다

이른 아침의 사랑

일어나 창문 열고 모든 것 수용하고
오가는 자연섭리 흐르는 물결 따라
순결한 순정 사랑이 떠나야 한다면

내 얼굴 비추이는 거울처럼
물결쳐 가는 시간 고요한 이른 아침
희망을 일깨워준 겸손의 사랑으로

영혼의 밀물처럼 사랑을 보듬으며
불꽃이 합성되어 거짓도 포용하며
진실로 다가오는 내 사랑 영원하리

함박눈

함박눈이 춤추듯 내리는
하늘에 축복이 쏟아지는 듯 상쾌한
이른 아침

사랑을 다 받은 듯이 따뜻해지는 아침
그리운 사랑이 생각날 때 흔들리며
휘날리는 함박눈

눈길을 걸어가며 밟히는 소리는
누군가에게 사랑한다는 말
고백하는 그대의 사랑의 소리

제5부

가을 연가

가을 연가

구슬 같은 찬 이슬 시린 가을
풀벌레들 노랫소리

산야는 고운 옷 차림새로 갈아입고
가을은 깊어만 가는데

밤 달빛이 쏟아져
외로운 창가 밝혀 주고

단풍잎은 일제히 그리움의
엽서 되어 온 누리에 뿌린다

곱게 단장한 들국화는 가을축제
아쉬움으로 남아 가슴에 품는
가을 연가

가을비

자연의 숨결 지나 붉은 단풍잎 사이로
나의 모습이 비추어질 때
가을비에 젖어 가고

짙게 익어간 자연의 부름이
가을비에 출렁이는 빗속에서도
고추잠자리 배회하고

크고 작은 그리움과 함께
석양에 노을이 눈물되어
내린다

가을 밤

어디선가
들려오는 귀뚜라미 울음소리
창밖에 비추는 달빛 그림자

그대사랑 애태우던 가을밤에
두 뺨에 흐르는 눈물을 적셔가며
그대는 사랑이 되어 오는구려

흔들리며 애태우던 국화꽃도
꽃망울을 터뜨리며
그리운 사랑 되어 다가온다

가는 봄 오는 여름

연둣빛 새싹들이 초록잎 신록 되고
봄인가 했건만은 여름이 시작되네
고단한 삶의 무게가 그늘 찾는 한나절에

아무도 가지않는 그길을 가려 하네
초록잎 붉은 물들기 전에 실행하세
못다한 꿈을 위해서 붉은 눈물 흐르네

자식 위해 향한 눈물 땀방울로 씻어내며
시원스런 호수가에 흐르는 이랑 물은
눈부신 햇살과 같이 내 사랑도 빛나네

사랑의 밤

희미하게 비추어오는
달빛사이로
뜰 안의 동백 꽃들이
미소짓는 밤

오늘밤은
희망을 꿈꾸는 하얀 밤이 되고
내일 밤은 동백열매 열리는
빨간
사랑의 밤이 되리라

대한의 한파

일 년 중 가장 눈이 많이 내리는 대한大寒
한파에 기다리던 화요일 수강도 취소되어
미끄러운 도로 위에 우두커니 정지된 차량들

대한 때 눈이 많이 내리면 풍년이 온다는데
그칠 줄 모르는 눈, 은근히 홍어에다 홍탁
생각나는 화요일 오후 양동 시장에서

들국화

가을 아침 태양 아래서
노랗게 물들어
겨울을 재촉하는 언덕에
할일도 많은 갈무리

노란꽃잎 찬바람 들이마셔
가을 속 순정으로 남아
눈보라 기다리는 이른 아침
노란 자태 뽐내는 들국화

언제라도 사무친 가슴 열어
차디찬 인내로 오가는
세월 속에 한시름 덜며
흔들리며 피어나는
그대는 순정의 들국화

물안개

저물어가는 광주호에
미끼 던져 놓으니
노을 따라 물안개 피어 오르는데
밤은 깊어만 가고

이른 새벽 안갯속으로
깜박거리는 입질이 시작되고
떡붕어가 꿈틀대며 물안개 속에서
끌려 나오는구나

무등산의 여름

새인봉 골짜기 계곡물이 동적골로
흐르고 산새들 노랫소리 풀벌레
울음소리 아랑곳 없이 불볕더위에
온몸은 땀으로 범벅이 되어가고

새인봉 바위틈에 붙어있는 소나무 하나
내리쬐는 땡볕 아래서 살기 위한 몸부림으로
송진을 내뿜으며 태양과 싸우고 있는
모습이 안쓰럽게 보이고

계곡물이 시원하게 흘러가고 있건만
뛰어들지 못하는 공동체 규칙이기에
포기하고 벤치에 앉자 소슬바람 따라
하늘을 보니 흰 구름이 고운 빛깔로
변해 석양으로 기우는구나

목련이 필 때면 · 1

기나긴 겨울이 아무리 추워도
봄은 찾아오고
세찬 눈보라 지나고 나니
봄바람 불어오네

기다림을 알았는지
하얀 꽃망울 싹 틔어 오고
이별의 아픔이 돌아와
가는 길 어찌하리

그때 만남이었을 때도
목련꽃 필 때였었고
이별의 아픔이
그때 그 자리에 서있네

꽃샘추위 아랑곳없이
우아한 자태 뽐내 보지만
그 시절 다시 올 수가 없어서
그때 그 길을 걷노라네

무등산의 겨울

입석대 서석대 광석대 돌기둥마다
하얀 고깔모자 씌워져 있고

천왕봉 인왕봉 지왕봉에는
하얀 솜 이불이 덮여있네

중봉 중머리재 너덜겅에는 솜사탕이
몽실몽실 맺혀 달콤한 사랑의 향기 퍼져나가네

바람재 토끼등은 빙판길로 변해
보석처럼 빛이 나고

새인봉 약사암 중심사 백설이 휘날려
신도 머뭇거리며 엿보는 무등산의 겨울

무등산 일 수원지

하늘을 바라보며 날아 오를 것만 같은 주말
그 많은 눈비 받아먹고도 배부르지 않는 호수
크게 입을 벌려도 자신을 찾을 수 없고

함박눈이 입안으로 수없이 들어가도
허기진 호수에 철새들 놀이터로 변해있고
허공만 바라보는 수원지 둑을 걷노라네

편백나무 숲으로 둘러싸인 수원지
시민의 휴식 공간 천연기념물 수달과
원앙이 서식하는 수원지에 백설이 내리네

무등산의 가을

무등산 중머리재 소슬바람 불어와
억새들 너울너울 춤을 추니
지질 공원답게 삼라만상이 자유롭구나

증심사 계곡물소리와 산새 노랫소리에
가을을 재촉하고 붉은 단풍잎은
바람에 떨어질까 떨고 있고

풀벌레 울음소리 고독의 세월 붙잡고
노을빛 애달픈 그리움의 무등산
가을은 깊어만 가는구나

봄바람

땅거미 어스름 감추고 실낱같은 날을
울먹이며 눈 녹은 봄바람에
저항하지 못하는 세월 위로 맞이하는 봄

시원스러운 봄바람 결에 연둣빛 새싹 움트고
살아가는 일들이 서로의 마음을 열어놓은 봄
파란 하늘 흰 구름도 바람 따라 움직이고

스쳐가는 봄바람에 피어오르는 만물들
영혼을 받쳐 든 희망의 노래가 되고
잔잔하게 흐르는 호수에 물안개 피어나네

백바위 여름밤

짠물에 부딪치며 열기를 뿜어내며
흰 바위 붙어있는 해초잎 안쓰럽고
수평선 넘어 칠산도 조기 떼 손짓하고

백바위 소나무밭 옛 모습 그대로다
파도치는 백사장 물결이 원망되고
모래언덕 갈매기 울부짖는 여름밤

봄날의 사랑

푸른 하늘과 산천이 자연과 어울린
봄날의 이슬처럼 맑은 희망이 물결치듯
삶의 시련이 고운 빛깔로 사라지고

꽃에서 벌 나비 날아오르듯 아픔의
흔적을 지우며 피어난 꽃들의 미소로
봄날의 사랑이 붉고 하얗게 피어나고

아침은 맑고 밤이면 별빛이 곱기에
새로운 희망으로 기다린 봄날을 조율하며
연분홍 봄날의 깊어가는 사랑을

새벽이슬

새벽이슬 풀잎 위에 내려앉아
가을이 담겨 오고
다시 못 올 그 먼 길을 혼자 가려 하네

그렇게 기승을 부리던 무더위도
이른 새벽이슬과 함께 소리 없이
떠나가고

찬바람은 소리 없이 가을을 실어 오고
새벽이슬 먹은 들국화
가을 향기 날려 오고

소란하게 들려오던 귀뚜라미 울음소리도
가을밤 별빛 속에 멀어져 가고
익어가는 단풍잎에 새벽이슬 맺히는구나

여름이 가는 사이

그칠 줄 모르게 퍼붓던 물폭탄
중복이 지나면서 가늘어진 빗줄기 사이로
고추잠자리 춤을 추며

하늘에는 흰 구름이 흐르고
숲에서는 산새들 노래하며
오솔길 풀벌레 울음소리 가을 재촉하고

장막이 걷힌 길에 환희바람 불어와 사랑했던
우리 님은 가냘픈 코스모스 손 흔들며
나비 춤추며 좋아서 날아오네

영산강 철새

철새 날아든 영산강은 요란하다
갈대숲 부딪치는 바람 소리 출렁이는
물결 속에 초승달은 갈대숲에 매달려
어서 오라 손짓하며 별똥별은 강 속으로
질주하며 마중 나오고

바람 멎은 평화로운 강 봄을 기다리고
철새들 떠날 채비 분주하고 물고기 떼
바람에 밀려난 영산강은 저녁노을
달빛에 일렁이고 가끔씩 들려오는
새들의 합창 소리 즐거워라

세상 만난 철새들 갈 길을 잃은 채
퍼덕이는 날갯짓 해 보지만 아무도
그 이유를 묻지 않고 강물은 무심히 흐르고
강가에 피어난 버들강아지
능수버들은 떠나는 님 배웅하네

풍암정 가을밤

원효사 계곡물이 흐르다 멈춘 자리
김덕령 장군 아우 김덕구 장군 수행한
풍암정 정자에도 가을은 깊어가고

소슬바람 불어온 정자에 주인은 어디 가고
데이트 족들 쉼터로 변해가는데
청설모 다람쥐 월동준비 분주하구나

해 저문 풍암정에 어디선가 들려오는
통곡소리에 발길을 재촉하니
신의 제자 기도 소리 촛불이 선명하구나

향기로운 향 냄새 계곡 따라 진동하고
달빛에 은하수 길을 여니
풍암정 가을밤은 깊어만 가는구나

상록회관

5공화국 시절 지방 청와대로
사용된 상록회관, 지금은 시민들의 산책로
휴식공간이 되어버린 도서관

목련꽃 피어있는 상록의 숱한 사연
팔십 년 시절에는 도지사 관사로서
접근하기 힘들던 곳이 지금은 산책로

세월의 흐름 속에 사십 년 지난 지금은
그때의 시민들의 따뜻한 정 그리워
한 마리 새가 되어 상록에서 사노라

주말농장 가는 길

동적골 산책로에 울긋불긋 단풍 물들고
낙엽 지는 계곡물에는 피라미들이
꼬리 흔들며 반기네

뭉게구름 떠돌다 지나가는 창공에 철새들 날으고
나부끼는 낙엽 따라 농장에 도착해 보니
노란 은행잎이 덮여 황금 농장으로 변해있네

마늘 파 무우 갓 상추 유기농으로 파종했건만
벌레 하나 먹지 않고 잘 자라 주어 고맙고

정성스럽게 가꾼 채소들은
홀로 지내신 어르신들에게
정성의 마음으로 전해주기 위함이라서
기쁜 마음일세

함께 가는 길

가야 할 길이라면 오늘의 희망의 길
만들어 가야 하고 자연을 교감하며
모든 사물을 포근히 감싸않고 가는 길

강물은 생명수로 돌아와 살맛 나고
같은 길 함께하며 외로움 같이하며
평화로운 길 말없이 바라보며 가는 길

삶의 길 고통의 길 오르고 또 오르면
정상에 도착할 때 성공의 기쁨으로
위로하며 함께 가는 사랑과 행복의 길

사랑의 천사

점이 모여 선이 되며 시작이 되고
하루가 모여 일 년이 되어 가듯
강자보다 약자 편에 서서
약하고 어려운 사람들을 위한
마음이 사랑 되어

따뜻한 기적의 등불을 밝힌
사랑의 천사들이여 오늘도
코로나19 진료소에서 한 생명이라도
더 살려내기 위해 사투를 벌이고 있는
그대들은 진정한 천사들이여라

나이팅게일 정신을 이어받은 사랑의
천사가 되려 야심한 이 밤에도
어둠을 밝히며 기적을 이루고 있는
그대들의 순정이 이 나라의 희망이 되어
영원한 영웅이 되리라

운천 호수공원

벅차오르는 한여름 널따란
연잎이 호수 위를 꽉 메운
그림 같은 절경

아침이면 피었다가
밤이 되면 모습을 감춰버리는 꽃
더러운 물에서도 말갛게
초록 눈 뜨는 이파리마다
여름밤 사랑 노래 들려오고

쓸쓸한 가을이 오면
사랑으로 서두른 아름다움을
선사하는 시민의 휴식 공간
혼자여도 늘 넉넉하네

눈 덮인 내 고향

2024년 7월 25일 인쇄
2024년 7월 30일 발행

지은이 김영창

펴낸이 강경호 편집장 강나루 디자인 정찬애
펴낸곳 도서출판 시와사람
등록 1994년 6월 10일 제 05-01-0155호
주소 광주시 동구 양림로119번길 21-1(학동)
전화 (062)224-5319   E-mail jcapoet@hanmail.net

ISBN 978-89-5665-724-0 03810

값 12,000원

＊잘못된 책은 구입하신 서점에서 바꾸어 드립니다.
＊지은이와의 협의로 인지를 붙이지 않습니다.

공급처 ■ 한국출판협동조합
경기도 파주시 적성면 적성산단3로 10 (적성일반산업단지 내)
주문전화 (02)716-5616, 070-7119-1740